मैं यह पुस्तक देश के प्रत्येक नागरिक को
समर्पित करता हूं।

भारत माता की जय।

जय हिंद, जय भारत।

मन का सच

यह जीवन सच और झूठ का ताना बाना है जिसके अंदर अनेकों भावनाएं छिपी हैं। सच अत्यंत ही कठिन होता है, चाहे वह किसी का भी हो, कहीं भी हो। परंतु सबसे बड़ा सच और मुश्किल सच है मन का सच। मन का सच उस कस्तूरी मृग की तरह होता है जिसके लिए व्यक्ति एक स्थान से दूसरे स्थान पर दस्तक देता रहता है पर उसे कभी देख नही पाता। वह यह जरूर जानता है की उसका सच कहीं आस पास ही है पर यह कभी नहीं समझ पाता की वह उसके ही अंदर है। बस कस्तूरी मृग की भाती भटकता रहता है।

जिस मन के सच की बात में आपसे करना चाहता हूं वह है हमारे मन का रोग यानी मानसिक बीमारी। यह एक ऐसा सच है जो मानव सभ्यता में आदिकाल से विराजमान है परंतु आज भी इस सच को हम ना पूरी तरह समझ पाए हैं और ना ही इसे पूरी तरह स्वीकार पाए हैं। यह सार्वभौमिक सच आज भी झूठ का आंचल ओढ़े भटक रहा है। मेरी रचना का उद्देश्य इस मन के सच को मार्गदर्शित करना है ताकि यह हम सबके जीवन में एक यथा स्थान प्राप्त कर सके।

मानसिक रोग उतने ही आम हैं जितने शारीरिक रोग। हर वर्ग में चाहे अमीर हो या गरीब, शिक्षित हो या अनपढ़, आदमी हो या औरत, बच्चा हो या बूढ़ा, भारतीय हो या विश्व के किसी भी देश का निवासी हो, मानसिक बीमारियों ने सब जगह अपना घर किया हुआ है। हमारे शरीर में जब कोई भी परेशानी आती है, चाहे वह एक सर्दी- खासी हो, सर दर्द हो या कोई बड़ी बीमारी हो। हम तत्पर रूप से उसकी जांच करवाते हैं और उसका उपचार करते हैं। परंतु जब एक मानसिक बीमारी हमे अंदर से पूरी तरह खोखला कर देती है, फिर भी हम उसे अनदेखा करते है, उसका उपचार नहीं कराते। एक हँसता खेलता नौजवान धीरे धीरे आत्महत्या के फंदे पर पहुंच जाता है परंतु दुर्भाग्य यह है कि वह मानसिक सहायता तक नही पहुंच पाता।

एक औरत बार बार अपनी समस्याओं को लेकर डॉक्टर्स और अस्पताल के चक्कर काटती रहती है, लाखों रुपए खर्च कर चुकी होती है मगर फिर भी व्यथा में तड़पती है। शायद मैं अगले डॉक्टर के द्वारा या अगली जांच से ठीक हो जाऊंगी, ऐसी कल्पना के साथ वो ना जाने कितने साल गुज़ार देती है पर कभी यह नहीं समझ पाती की उसकी परेशानी मानसिक पटल पर है ना कि शारीरिक। ना जाने ऐसे कितने उदाहरण हम प्रतिदिन देख सकते हैं। हम और हमारा समाज इस सच को देख कर भी अनदेखा करता है। इसके मुख्यतः रूप से दो कारण है। पहला हम समझ ही नही पाते कि यह एक मानसिक रोग है और दूसरा हम जानकर भी अनजान रहते हैं क्योंकि

हम सोचते हैं मानसिक रोग एक कलंक है और हमें इसे छिपाकर रखना चाहिए। समाज की रूढ़िवादी विचारधारा और अज्ञानता एक मरीज को उसका इलाज पाने से रोक देती है। विश्व स्वास्थ्य संगठन के अनुसार स्वास्थ्य की परिभाषा कुछ इस प्रकार है, **"Health is a state of complete physical, mental and social well-being"** यानी एक स्वस्थ व्यक्ति वह है जो शारीरिक रूप से स्वस्थ होने के साथ साथ मानसिक रूप से भी स्वस्थ है। आपको यह जानकर अचंभा होगा की मानसिक रोग बहुत ही व्यापक रूप में इस संसार में फैले हुए हैं। अगर हम अपने देश के तथ्यों की ओर नजर डाले तो पाएंगे कि भारत में आज लगभग साढ़े पांच करोड़ भारतीय डिप्रेशन से ग्रसित हैं, लगभग चार करोड़ लोग एंग्जायटी से परेशान हैं, एक लाख से ज्यादा लोग हर साल आत्महत्या करते हैं और पूरे विश्व में महिलाओं द्वारा किए जाने वाली आत्महत्याओं का चालीस प्रतिशत हमारे देश में होता हैं। दिन-प्रतिदिन यह आंकड़े बढ़ते जा रहे हैं मगर हमारी सोच एवं हमारा प्रयास अभी भी शिथिल है। हमारे देश में आज लगभग नौ हजार मानसिक रोग विशेषज्ञ हैं। इसके अनुसार एक लाख लोगों के लिए एक से भी कम (0.75) मानसिक रोग विशेषज्ञ उपस्थित है। इसके साथ साथ मानसिक सहायता सुविधाओं का भी अभाव है। इसलिए हम सबका यह कर्तव्य बनता है की हम हर मानसिक लक्षण को गंभीर रूप से ले और जल्द ही उसकी जांच और इलाज कराए।

एक मानसिक रोग विशेषज्ञ होने के नाते यह मेरा कर्तव्य है कि इलाज के साथ साथ, सही जानकारी देश के कोने कोने में पहुंचे ताकि हर व्यक्ति मानसिक रोग का इलाज कराने के लिए समय में आगे बढ़ कर आए। इस पुस्तक के द्वारा मैं एक नया प्रयास करने जा रहा हूं जहां मैं अपने ज्ञान, अनुभव और विचारों को एक सरल भाषा में कविता के रूप में आप सबके समक्ष प्रस्तुत करूंगा। इसके माध्यम से मैं महत्वपूर्ण मुद्दों पर प्रकाश डालूंगा जैसे मानसिक बीमारी कितने प्रकार की होती है, उनके क्या क्या लक्षण होते हैं, कैसे आप उसे स्वयं पहचान सकते हैं और उस से बच सकते हैं, किस तरह से उसका इलाज संभव है, कैसे हम अपने जीवन को तनाव मुक्त एवं बीमारी रहित बना सकते हैं और साथ ही मानसिक रोग और उसके इलाज से जुड़ी सब भ्रांतियों को दूर करने का प्रयास करूंगा। एक बहुत ही प्रसिद्ध कहावत है, **"The eyes see what the mind knows"**. इसका मतलब है कि हम वही देख और पहचान पाते है जो हमारा दिमाग जानता है। इसलिए पहले किसी भी चीज को समझना जरूरी होता है, तब जाकर हम उसे पहचान सकते हैं। इस काव्य संग्रह के द्वारा मैं सबको मानसिक बीमारियों से परिचित कराना चाहता हूं ताकि आप सब इसे पहचान पाएं, इसको रोक पाएं और समय से इसका इलाज करा पाएं। इस तरह हम खुद की, अपने परिवार की, अपने समाज और देश की बहुत सहायता कर सकते हैं और एक स्वस्थ एवं खुशहाल जीवन की शुरुआत कर सकते हैं।

अनुक्रमणिका

मानसिक रोगी की व्यथा: कोई तो हो

कोई तो हो जो मेरे हौसलों को उड़ान मिले,

कोई तो हो जो मेरे पंखों को आसमान मिले।

कोई तो हो जो हो ज़िंदगी में इस तरह शामिल,

जैसे समंदर से जाकर रेगिस्तान मिले।

कोई तो हो जो ला दे चेहरे पे रंगत,

कोई तो हो जो मुझे रंगीन जहान मिले।

कोई तो हो जो मेरे दर्द को महसूस करे,

कोई तो हो जो मुझे दर्द में आराम मिले।

कोई तो हो जो पढ़ ले भरी नर्म आँखों को,

कोई तो हो जो मेरे आसुंओं को सम्मान मिले।

कोई तो हो जो सुन ले मेरे ज़ज़्बातों को,

कोई तो हो जो मेरे एहसासों को ज़ुबान् मिले।

कोई तो हो जो इन लबों की खामोशी समझे,

कोई तो हो जो मेरे अधरों को मुस्कान मिले।

कोई तो हो जो मुझे मुझसे मिला दे,

कोई तो हो जो मुझे मेरी पहचान मिले।

कोई तो हो मेरी बेचैनियों का इलाज,

कोई तो हो जो नव्ज़ देखे तो इत्मिनान मिले।

कोई तो हो जो भर दे अँधेरों में रोशनी फिर से,

कोई तो हो जो जीने का अरमान मिले।

कोई तो हो जो हर सांस जीना चाहे,

कोई तो हो जो जड़ जीव को जीवन दान मिले।

कोई तो हो जो मेरे हौसलों को उड़ान मिले,

कोई तो हो जो मेरे पंखों को आसमान मिले॥

सवाल एक मानसिक रोगी से: क्यों तूने

1. क्यों तूने हादसों के दरख़्त पाल रखे हैं,

   सीने में ना जाने कितने दर्द संभाल रखे हैं,

   क्यों तू बुझा बुझा सा रहता है,

   घुटता हुआ छुपा छुपा सा रहता है,

   क्यों तेरी आँखों में चमक नज़र नहीं आती है,

   वो कौन सी बात है जो तुझे खाए जाती है,

   तू बताता क्यों नहीं ज़हन में जो सवाल रखे हैं,

   क्यों तूने हादसों के दरख़्त पाल रखे हैं।

2. अंदर बाहर से दोनों से क्यों ये जंग जारी है,

   ना कोई दोस्त है अब ना कोई रिश्तेदारी है,

   तू जीना तो नहीं चाहता बस जीने की अदाकारी है,

   हालातों से डरकर मर जाना ये बहुत बड़ी बीमारी है,

   इस बीमारी ने न जाने कितने घर बिगाड़ रखे हैं,

   क्यों तूने हादसों के दरख़्त पाल रखे हैं।

3. किसी ने दिल क्या तोड़ा, किसी ने साथ क्या छोड़ा,

   किसी की बेवफाई ने तुझे तड़पा दिया थोड़ा,

   जीना अब तुझे बेकार नज़र आता है,

   मां-बाप भाई-बहन ना परिवार नज़र आता है,

   इश्क़ मोहब्बत ही बस संसार नज़र आता है,

   क्यों तूने दीवानों जैसे हाल बना रखे हैं,

   दिल में ना जाने कितने दर्द संभाल रखे हैं,

   क्यों तूने हादसों के दरख़्त पाल रखे हैं।

4. चाहे कितना भी तू दर्द सहे, चाहे कितनी भी
   मजबूरी हो,

   चाहे शूल बिछे हों राहों में, और मीलों लंबी दूरी हो,

   चाहे अपनों से अवसाद मिले या ख्वाहिश ना पूरी हो,

   कुछ हो ना हो पर ध्यान रहे जीना बहुत जरूरी हो,

   क्यों तूने ज़िंदगी के पन्ने उछाल रखे हैं,

   इतनी खूबसूरत कायनात में भी गम पाल रखे हैं,

   क्यों तूने हादसों के दरख़्त पाल रखे हैं,

   सीने में ना जाने कितने दर्द संभाल रखे हैं॥

भ्रांतियां और अवधारणाएं

1. मन की बीमारी को पहचानने में कितना लम्बा
   वक्त लगाया है,

   एक मां ने जवान बेटे को, और बेटे ने बाप को
   गवाया है,

   अब हम सबको इस बात को समझना होगा कि,

   मानसिक रोग ना ही कलंक ना किसी भूत-प्रेत का
   साया है।

2. जब देर रात तक बिस्तर में कोई नही सो पाता है,

   जब एक नौजवान खुद ही फांसी पर चढ़ जाता है,

   जब कभी बिना बात ही घबराहट इतनी बढ़ जाती है,

   धड़कन सीना फाड़ती है और सांसे रुक जाती है,

   जब कभी हंसने का बिलकुल मन नही करता है,

   जब कानों में आवाज और डर बहुत ही लगता है,

   जब कोई भी नशा हमारी जिंदगी बन जाता है,

   तलाक होता है, दिल टूटता है, चैन कहीं नहीं
   आता है,

ये सब होते हैं मानसिक बीमारी के लक्षण,

जिनसे कोई कैसे कहां बच पाया है,

अब हम सबको इस बात को समझना होगा कि,

मानसिक रोग ना ही कलंक ना किसी भूत-प्रेत का साया है।

3. पहले अक्सर यही सोचते थे कि कोई काली नजर लग गई,

कोई बुरी आत्मा या अंदर कोई चुड़ैल बस गई,

ताबीज टोटका ना जाने क्या क्या करवाते थे,

ओझा तांत्रिक ना जाने कहां कहां जाते थे,

लाखों पैसे खर्च किए और बहुत नुकसान भी उठाया है,

थोड़ा सा आराम जरूर होता था, मगर ठीक कभी नही हो पाया है,

पढ़ाई नौकरी सब छूट गई, ये भूचाल जब भी आया है,

अब हम सबको इस बात को समझना होगा कि

मानसिक रोग ना ही कलंक ना किसी भूत-प्रेत का साया है।

4. कभी कभी तो ये कहते हैं की ये बचपन से ही ऐसा है,

ये कोई बीमारी नही इसका मन ही वैसा है,

कभी कभी सब जानकर भी चुप हम रह जाते हैं,

सब लोग पागल कहेंगे इसलिए खामोश हो जाते हैं,

कभी कभी ये जानकर भी कि ये पानी नही आग है,

बुझाने की कोशिश ही नही करते, ये सोचकर की दाग है,

घर जला लेते हैं उस दाग को छिपाने के लिए,

अपने बच्चे को मरने देते हैं सिर्फ ज़माने के लिए,

इलाज नहीं करवाया मगर दुख सारी जिंदगी उठाया है,

अब हम सबको इस बात को समझना होगा कि मानसिक रोग ना ही कलंक ना किसी भूत-प्रेत का साया है।

5. कुछ लोग सोचते हैं कि मानसिक रोग का इलाज नही,

दवाइयां सिर्फ नशा करती हैं इनसे कोई बचाव नही,

कुछ सोचते है कि इन दवाइयों की आदत बन जाती है,

खानी पड़ेगी सारी जिंदगी फिर छूट नही पाती है,

मगर ये गलत सोच है, ऐसा कुछ भी नही होता है,

ना कोई आदत पड़ती है ना आजीवन प्रयोग होता है,

जैसे जैसे बीमारी ठीक होती है, ये दवाईयां भी कम
हो जाती हैं,

और फिर नियमानुसार सब दवाईयां बंद हो जाती हैं,

एक स्वस्थ मन ने फिर से अपनी खुशियों को
पाया है,

अब हम सबको इस बात को समझना होगा कि
मानसिक रोग ना ही कलंक ना किसी भूत-प्रेत का
साया है।

6. गलत फहमी को अब करना है दूर, घर-घर ये
संदेश पहुंचाना है,

सही समय से सही इलाज कर, जीवन को खुशहाल
बनाना है,

अब ना ही कोई शर्म और ना किसी से डरना है,

ये मन हमारा है, इसकी रक्षा हमें करना है,

इलाज बहुत ही सस्ता है, हर कोई करा सकता है,

इस तरह मानसिक रोगों को हर कोई हरा सकता है,

भारतवर्ष जन्मभूमि है हमारी, हमें इस पर
अभिमान है,

तन-मन अपना स्वस्थ रखेंगे, हम सब भारत माता
की शान है,

अब यही प्रण किया है, यही संकल्प अपनाया है,

अब हम सबको इस बात को समझना होगा कि,

मानसिक रोग ना ही कलंक ना किसी भूत-प्रेत का

साया है॥

डिप्रेशन: एक उदास मन

1. चाहती है वो हँसना पर अब हर पल रोती रहती है,

   कहना चाहती है वो बहुत कुछ, पर किसी से कुछ ना कह पाती है।

2. पहले थी बड़ी ही चंचल जो सबके मन को भाती थी,

   खिलखिला कर सबके साथ, सबका दिल बहलाती थी,

   सोती थी वो तन कर और खाना भी इतना खाती थी,

   बाजार जा कर सब कुछ खरीदना और घर में रौनक लाती थी,

   पर अब कुछ तो हुआ है कुछ दिन से, कुछ ना वो समझ पाती है,

   चाहती है वो हँसना पर अब हर पल रोती रहती है,

   कहना चाहती है वो बहुत कुछ, पर किसी से कुछ ना कह पाती है।

3. अच्छा लगता था उसको पहले सबसे रोज मिलकर आना,

   संग बैठ सबके उनकी सुनना और फिर अपनी सुनाना,

हर बात पर मुस्कराना और कभी यू ही गुनगुनाना,
पर अब तो वो सिर्फ बंद अंधेरे कमरे में रहना चाहती है,

चाहती है वो हँसना पर अब हर पल रोती रहती है,

कहना चाहती है वो बहुत कुछ, पर किसी से कुछ ना कह पाती है।

4. पहले फुर्ती थी हिरनी जैसी, कहीं भी कुछ भी करती थी,

कभी इस कदम तो कभी उस कदम, रोके ना रुकती थी,

पर अब उसके इस दुखी मन ने शरीर को कुछ ऐसे आ घेरा,

कि अब दो कदम में ही वो पूरी तरह थक जाती है,

चाहती है वो हँसना पर अब हर पल रोती रहती है,

कहना चाहती है वो बहुत कुछ, पर किसी से कुछ ना कह पाती है।

5. पहले सोती थी वो घोड़े बेचकर, उठाए ना उठती थी,

लेटते ही बिस्तर पर, खूब खर्राटे भरती थी,

पर अब नींद नही है आंखों में, नीचे काला साया है,

अब तो वो रोज सुबह चार बजे, उठ कर बैठ जाती है,

सोना चाहे फिर भी अब वो नही सो पाती है,

चाहती है वो हँसना पर अब हर पल रोती रहती है,

कहना चाहती है वो बहुत कुछ, पर किसी से कुछ
ना कह पाती है।

6. पापा की परी है वो, और दोस्तो की हरियाली है,

सबको जिंदादिल करने में उसकी ही कहानी
शामिल है,

वो रोते को हंसाती थी, सोते को जगाती थी,

कहती थी जीना है सौ साल और जीने के ख़्वाब
सजाती थी,

पर अब समय की विडंबना और उसके मन का
हाल देखो,

सिर्फ १७ वर्ष की है, और बार बार मरना चाहती है,

चाहती है वो हँसना पर अब हर पल रोती रहती है,

कहना चाहती है वो बहुत कुछ, पर किसी से कुछ
ना कह पाती है।

7. देख कर उसके मन का हल, आंखों में आसूं आ
जाते हैं,

मां बाप बहन भाई, कोई कुछ नही कर पाते हैं,

पूजा टोटका बहुत कराया, पर कुछ भी कारगर ना
हुआ,

रोज हालत बिगड़ती गई, कुछ उल्टा असर यूँ हुआ,

अब हर वक्त वो उदास और चीखती चिल्लाती है।

चाहती है वो हँसना पर अब हर पल रोती रहती है।

कहना चाहती है वो बहुत कुछ, पर किसी से कुछ ना कह पाती है।

8. ये एक मानसिक बीमारी है, तब जा कर समझ में आया,

डिप्रेशन नाम है इसका, और फिर मनोचिकित्सक को दिखाया,

बहुत आम है ये बीमारी दुनिया में और इलाज पूरा संभव है,

बस देर नही करना लाने में, ऐसा डॉक्टर ने बतलाया

शुरू कर दिया इलाज और घरवालों को भी समझाया

नही है ये कोई काला साया, और ना ही कोई माया

मन दुखी आशाहीन है इसलिए ये सब करती जाती है,

चाहती है वो हँसना पर अब हर पल रोती रहती है,

कहना चाहती है वो बहुत कुछ, पर किसी से कुछ ना कह पाती है।

9.   अब धीरे धीरे उपचार से उसकी हालत सुधारने लगी,

कुछ हफ्तों में मुस्कराई और फिर वो हंसने लगी,

पहले खुद से और फिर सबसे वो मिलने जुलने लगी,

बाहर जाकर सारे काम और खूब मस्ती करने लगी

मिल गया उसे एक नया जीवन और उससे प्यार
वो अब करने लगी,

मरने की सोच उसके जहन में अब नहीं आती है

चाहती है वो हँसना और अब हर पल हंसती
रहती है

जो भी कहना चाहती है अब वो खुल कर कहती है।

10.   याद रहे डिप्रेशन एक मानसिक बीमारी है, जो
किसी को भी हो सकती है,

एक खुश इंसान को वो जिंदा लाश कर सकती है,

पर इसका इलाज है बहुत आसान जिससे जीवन
की रक्षा करनी है,

जागरूकता फैलाकर इस समाज की सोच बदलनी है।

तब ना कोई दुखी होगा और ना कोई परेशान होगा

खुशियों से भरा होगा जीवन बस यही पैगाम होगा

मन की ताकत को पहचानो और उसका पूरा
ख्याल करो,

क्या मेरा मन दुखी है बस खुद से ये सवाल करो

मानसिक स्वास्थ्य अच्छा रखना, हम सबकी ये जिम्मेदारी है,

एक मनोचिकित्सक की कलम से ये सूचना जनहित में जारी है॥

नशा: एक मीठा जहर

1. नशे की कहानी हजारों साल पुरानी है,
इस भंवर में हुई ना जाने कितनी कुर्बानी है,
इसमें जो डूबा फिर कहां निकल पाया है,
मानवता पर ये नशा एक गहराता काला साया है।

2. जन्म के साथ जिंदगी कोरे पन्ने पर निकलती है,
उम्र बढ़ती है तो सोच और संगति बदलती है,
कुछ नया करना है, ऐसा ख्याल मन में आता है,
अब तो मैं नौजवान हूं, सबके दिल को भाता है,
घर पर देखा, टेलीविजन में देखा, अब साथियों को
भी देखता हूं
नशे में जरूर मज़ा है, चलो सिगरेट और शराब
पीकर देखता हूं,
बस एक बार जो शुरू हुआ फिर वो कहां रूक
पाया है,
मानवता पर ये नशा एक गहराता काला साया है।

3. उम्र का ऐसा पड़ाव था, ऐसी वो मन में होड़ थी,
पीना है दोस्तो के साथ, ना जाने कैसी वो दौड़ थी,

जोश था अपार और अब खून पसीना था,

हर शनिवार की रात दोस्तो के साथ बीयर जरूर
पीना था,

पीकर तो ऐसा लगता था, जैसे मन का बोझ हट
गया हो,

कुछ असर यूं होता था, कि चिंता का बादल छट
गया हो,

फिर देर रात ये कदम डगमगाता घर आया है,

मानवता पर ये नशा एक गहराता काला साया है।

4. धीरे धीरे कुछ सालो में, आदत कुछ बदलने लगी,

फिर तो हर रात शनिवार बनने लगी,

बीयर से रम और फिर व्हिस्की शराब भी बदलने
लगी,

दो पैग से आधी और फिर पूरी बोतल निकलने लगी,

अब तो केवल शराब से ज्यादा मज़ा नही आता था,

कभी भांग, कभी गांजा और कभी चरस भी ले
आता था,

धुएं के गोल छल्लों में मज़ा गजब का आता था,

दो कश मे ही तन मन मेरा हल्का सा हो जाता था,

नशा इतना हो जाता था, कि कभी तो घर ही नही
पहुंच पाया है,

मानवता पर ये नशा एक गहराता काला साया है।

5. नौकरी शुरू हुई, दोस्त बिछड़ गए और नया जीवन जीने लगा,

अब तो हर रोज रात को वो अकेला घर पर पीने लगा,

हालत कुछ ऐसी बिगड़ी की, हर पल पसीना आता था,

रात का अब इंतजार कहां, दिन में ही पैग बन जाता था,

अगर शाम को ना पिए, तो रात भर तारे गिनता था,

सुबह उठते ही चाय की जगह, गिलास पैग का मिलता था,

नशे के इस बवंडर ने कुछ ऐसा घेरा कर डाला,

लगने लगा था उसको अब अपना जीवन एक मधुशाला,

साकी और हाला के आगे, वो कर बैठा सब कुछ पराया है,

मानवता पर ये नशा एक गहराता काला साया है।

6. अब तो ना सुध थी, ना होश था, ना ही कोई मलाल था,

दिन रात अब उसको सिर्फ यही एक खयाल था,

कैसे और कहां पियूं, क्योंकि हाथ कांपने लगे थे,

कानों में आवाज़ें आती थी और खिड़कियों से भूत झांकने लगे थे,

नौकरी गई, पैसा गया और दोस्तो ने मूंह मोड़ दिया,

रोज रोज लड़कर पत्नी ने भी ससुराल छोड़ दिया,

रिश्ते नाते सब खो बैठा, बस नशे को ही अपनाया है,

मानवता पर ये नशा एक गहराता काला साया है।

7. धीरे धीरे अब इस शरीर की हालत बिगड़ने लगी, लीवर पर हुआ असर और पीलिया की शिकायत बढ़ने लगी,

ना भूख थी ना प्यास थी, सिर्फ उल्टी और कमजोरी थी,

मगर फिर भी पीते जाना, अब उसकी यही मजबूरी थी,

डॉक्टर्स ने बहुत समझाया मगर उसका कुछ असर ना हुआ,

पीना था उसे वो पीता रहा, और कोई राह-गुज़र ना हुआ,

एक दिन मिर्गी आई, तन मन उसका बेहोश हुआ,

आईसीयू में जाकर घंटो बाद थोड़ा उसे कुछ होश हुआ,

जब ठीक होगी ये मानसिक बीमारी, शरीर तब ही
बच पायेगा,

नशा मुक्ति के लिए अब ये मनोचिकित्सक के
पास ही जायेगा,

इतने सालों के बाद अब इसको सही मार्ग
बतलाया है,

मानवता पर ये नशा एक गहराता काला साया है।

8. नशा मुक्ति केंद्र में अब उसको भेजा जाता है,

मगर वह यहां क्यों आया, उसे कुछ समझ नहीं
आता है,

पीता हूं तो क्या हुआ, सब लोग तो पीते हैं,

मैं ही क्या मरता हूं, सब तो यहां जीते हैं,

ठीक हूं मैं पागल नहीं, क्यूं मेरी यहां बारी है,

पीना कोई रोग नही, ना ही मानसिक बीमारी है,

मरना उसे गवारा है, सारा जग हसाया है,

मानवता पर ये नशा एक गहराता काला साया है।

9. अब यहां रोज उसको थैरेपी मिलने लगी,

एम ई टी और ग्रुप थैरेपी से, उसकी सोच बदलने
लगी,

देखा उसने अपने जैसों को, जिन्होंने सब कुछ
खोया है,

सच्चाई जानकर दुख बांटकर वह भी अब बहुत
रोया है,

धीरे धीरे अब उसका प्रण और मजबूत होने लगा,

भूख भी अच्छी लगती थी और चैन से वो सोने लगा,

एंटी क्रेबिंग दवाई खाकर तलब भी कम होने लगी,

बुझते दीया की रोशनी फिर से तेज होने लगी,

जीवन में खुशी और अब विश्वास उसके मन में
आया है,

मानवता पर ये नशा एक गहराता काला साया है।

10. कुछ ही हफ्तों के इलाज में उसका जीवन बदल
गया,

नशे के सागर में डूबा हुआ देखो फिर से संभल
गया,

मन में बदलाव हुआ और शरीर मजबूत होने लगा,

नए जीवन में अच्छे ख्वाबों के साथ वो सोने लगा,

लड़ना अब वो सीख गया था चाहे कोई पल हो या
मूरत हो,

पीछे अब नही मैं हटने वाला कैसी भी अब सूरत हो,

नशा मुक्ति का ये लेकर वचन अब वापिस वो
अपने घर आया है,

मानवता पर ये नशा एक गहराता काला साया है।

11. नशे ने आज इस दुनियाँ में कितने घर बरबाद किए हैं,

कितनी मांगे उजड़ी है, कितने बच्चे अनाथ किए हैं,

कितने पैसे व्यर्थ हुए हैं, कितने सपने खोए हैं,

जवान बेटे को मरता देख कितने बूढ़े मां- बाप रोए हैं,

सवाल ये है कि इस पर भी हम इसको अनदेखा करते हैं,

इस भीषण राक्षस से हम सब क्यों नही मिल कर लड़ते हैं,

नशा है एक मानसिक बीमारी पहले ये समझना होगा,

इलाज पूरा संभव है, शुरू तो करना होगा,

मानसिक, पारिवारिक, सामाजिक, आध्यात्मिक और धार्मिक सहयोग नशा मुक्ति के वरदान हैं,

जिसको मिल जाए ये सब, उसको ये जीवनदान है,

देश की हर पीढ़ी को इस नशे से बचाना है,

यही धर्म है मनोचिकित्सक का, अब सबको इसे अपनाना है,

प्रयास की किरण से काले बादल को हटाना है,

नशा मुक्ति से देश का गौरव यूं लहराया है,

तब हम देखेंगे की बुद्धा फिर से मुस्कराया है॥

दिव्यांग: डिफरेंटली एबल्ड

1. मैं खुशकिस्मत मां हूं उसकी,

   प्यारा राजकुमार हमारा है वो,

   जैसा भी है वो सबसे अच्छा है,

   मेरी इन आंखों का तारा है वो।

2. कितनी मिन्नते मांगी थी उसके जन्म के लिए,

   कितने धागे बांधे थे इस स्वप्न के लिए,

   नौ महीने कोख में रखकर उसे प्यार किया,

   उसे जन्म देने का हर पल इंतजार किया,

   मेरे हर ख्वाब का सहारा है वो,

   जैसा भी है वो सबसे अच्छा है,

   मेरी इन आंखों का तारा है वो।

3. ना रो पाया था वो जब पैदा हुआ था,

   आंखे भी ना खोली जब मैने छुआ था,

   ना दूध पिया ना टस से मस हुआ,

   सीरियस है कहकर डॉक्टर्स ने मशीन में रख दिया,

   कह नही सकते बच पायेगा या नही,

बच गया तो नॉर्मल रह पायेगा या नही,

देखा तो एनआईसीयू में करहा रहा है वो,

जैसा भी है वो सबसे अच्छा है,

मेरी इन आंखों का तारा है वो।

4. कुछ हफ्तों में हॉस्पिटल से डिस्चार्ज हुआ,

घर आकर अब मेरा काम स्टार्ट हुआ,

सिर्फ मां होने से कोई ना काम बनना है,

समझ गई थी उसके लिए अब भगवान बनना है,

हो गया था एक साल का वो अब,

मगर दो महीने की तरह रहता है,

जितना मैं बाहर से रोती हूं,

अंदर प्यार उतना ही बढ़ता चला जाता है,

बच्चे तो सभी होते अच्छे हैं,

मगर सबसे प्यारा है वो,

जैसा भी है वो सबसे अच्छा है,

मेरी इन आंखों का तारा है वो।

5. चलना देर से शुरू हुआ उसका,

कुछ शब्द ही बोल पाता है वो,

जब नही कह पाता अपने दिल की बात,

तो रो कर मुझसे लिपट जाता है वो,

सब बच्चों से दूर वो रहता है,

बस मेरे साथ ही खेलता है,

कहना चाहता है वो बहुत कुछ,

मगर सिर्फ आंख और हाथों से बोलता है,

तन भले ही ना कुछ अभिव्यक्त करे

मगर रखता चेहरे पर हाल सारा है वो,

जैसा भी है वो सबसे अच्छा है,

मेरी इन आंखों का तारा है वो।

6. रोज उसे हर नई पुरानी चीज सिखाती हूं,
घर ही है क्लास और मैं क्लास टीचर बन जाती हूं,
भूलता है, रोता है, चीखता और चिल्लाता है,
कभी मुझे काटता है, कभी खुद पर झुंझलाता है,
कभी चीज़े तोड़ता है, कभी घर से भाग जाता है,
मैं बिना थके चिढ़े उसे फिर से सिखलाती हूं,
इस घर के आंगन का दीपक हमारा है वो,
जैसा भी है वो सबसे अच्छा है,
मेरी इन आंखों का तारा है वो।

7. अठारह वर्ष का हो गया है वो,
मगर मन से अभी भी बच्चा है,
मां के बिना ना जाता है वो कहीं,

सब झूठ मगर वो हमेशा सच्चा है,

बाकी भाई-बहन भूल जाते हैं मां को,

मगर वो नही छोड़ता हाथ है,

ईश्वर ने बनाया है ये जन्मों जन्मों का साथ है,

उसके बगैर मैं एक पल भी नही रह पाती हूं,

वो सांसें लेता है और मैं जीती चली जाती हूं,

ये दुनिया चाहे कुछ भी बोले,

मगर जान और दिल हमारा है वो,

जैसा भी है वो सबसे अच्छा है,

मेरी इन आंखों का तारा है वो।

8. मेडिसिंस, थेरेपीज और स्पेशल एजुकेशन ने,

उसके जीवन को बेहतर बनाया है,

ट्रेनिंग और ट्रेनिंग ने ही उसे बदल कर,

और समझदार और असरदार बनाया है,

अब कर लेता है वो अपने काम कई,

जैसे नहाना, कपड़े पहनना और खाना,

थोड़ा अकेले भी करता है घर के बाहर आना जाना,

कभी हंसता है, कभी रोता है, कभी हसांता है,

मेरे इस घर की खुशियों का बसेरा है वो,

जैसा भी है वो सबसे अच्छा है,

मेरी इन आंखों का तारा है वो।

9. दिव्यांग कहो या डिफरेंटली एबल्ड,

पर नही समझना कभी की ये बोझ है,

मां-बाप बन कर आप हो अब स्पेशल

क्यूंकि ये तो ईश्वर की खूबसूरत खोज है,

इनको पालना किसी साधारण के बस की बात नहीं,

आप करते हैं, मगर और किसी की औकात नहीं,

भगवान ने जीवन दिया है, और ये नादान हैं,

इन बच्चों के लिए तो आप ही भगवान हैं,

इनका पालन कर, सौ जन्मों का कर्ज चुकाना है,

बस इनका हाथ हाथों में लेकर आगे बढ़ते जाना है,

ये ना कोई कलंक है, हीन भावना को खत्म करो,

करेंगे इनका सर्वांगीण विकास, बस यही प्रण करो,

हिम्मत नही हारना है, उम्मीद नहीं तोड़नी है,

अब इनके देखभाल में कोई कसर नहीं छोड़नी है,

कोई करे ना करे, मां हूं मैं तो करूंगी,

कोई मरे ना मरे, मां हूं मैं तो मरूंगी

जन्म दिया है तो अच्छा जीवन देना,

अब यही संकल्प हमारा है,

ममता है ये अदृश्य और अनकही,

मैं सागर ये किनारा है,

कोई उसे प्यार करे या ना करे,

मगर अपनी मां का दुलारा है वो,

जैसा भी है वो सबसे अच्छा है,

मेरी इन आंखों का तारा है वो॥

नारी और मनः अनूठा संबंध

1. नारी और मन का बहुत पुराना नाता है,
   मन अगर अच्छा नही तो उसे कुछ नही भाता है,
   वह जननी है, प्रियतमा है और अर्धांगिनी है,
   जो उसे नही समझा हमेशा पछताता है।

2. बचपन से ही उसका मन बहुत दुर्लभ और विशाल है,
   होता जिसके अंदर भावनाओं का मायाजाल है,
   प्यार वो सबसे करती है, ध्यान सबका रखती है,
   वह अपने अंदर जान सबकी रखती है,
   मगर उसकी कहानी कोई नही बतलाता है,
   वह जननी है, प्रियतमा है और अर्धांगिनी है,
   जो उसे नही समझा हमेशा पछताता है।

3. जब वह बड़ी हो कर किशोरावस्था में आती है,
   जिंदगी उसकी हार्मोन्स के वश में हो जाती है,
   जब जब मासिक धर्म का समय पास आता है,
   मन उसका चिड़चिड़ा और मायूस हो जाता है,
   नींद नहीं आती है और सिर दर्द रहता है,

शरीर मानो टूटा बिखरा सा जाता है,

पेट फूलने लगता है, गैस बहुत बन जाती है,

खाने, प्यार करने की इच्छा सब कम हो जाती है,

पसीना बहुत आता है, गर्मी बहुत लगती है,

कभी चेहरे पर मुहासो की छड़ी सी लगती है,

रोने का मन करता है, आखों से आसूं बहते हैं,

याद रहे इसी को प्रीमेंस्ट्रुअल सिंड्रोम (पी एम एस)
कहते हैं,

ऐसे समय उसे समझना है, तिरस्कार नही करना है,

उसकी मदद करनी है, लाचार नही करना है,

हो सकता है हर महीने उसको आपकी जरूरत पड़े,

कुछ भी हो जाए उसके साथ रहना है खड़े,

बस थोड़े प्यार और सहयोग से कितना कुछ बच
जाता है,

वह जननी है, प्रियतमा है और अर्धांगिनी है,

जो उसे नही समझा हमेशा पछताता है।

4. जब होती है वो गर्भवती, वो अलग ही संसार है,

उसके अंदर होता एक नए जीवन का संचार है,

शुरू के तीन महीने बहुत कठिनाई से गुजरते हैं,

तन-मन के सम्मीकरण ना जाने कितने बदलते हैं,

जैसे जैसे उसके हार्मोन्स में बदलाव आता है,

समझो जीवन में उसके एक सैलाब आता है,

बहुत उथल पुथल से गुजरती है वो,

इतना कुछ होने पर भी काम सारे करती है वो,

उसे सिर्फ नौ महीने पूरे होने का इंतजार है,

बस आपसे मांगती थोड़ा सहयोग और प्यार है,

मन उसका आलौकिक और चेतन हो जाता है,

वह जननी है, प्रियतमा है और अर्धांगिनी है,

जो उसे नही समझा हमेशा पछताता है।

5. बच्चे के जन्म के बाद होते कुछ विकार हैं,

उनका जरूर ध्यान रखना है, बनना जिम्मेदार है,

जन्म के कुछ दिनों के अंदर मां हो सकती
बीमार है,

रोना, ना सोना, क्रोध, उदासी जैसे लक्षण तैयार है,

कुछ दिनों से लेकर ये कुछ हफ्तों तक रहते हैं,

इन्हें हम "बेबी ब्लूज" कहते हैं,

कभी कभी उदासी बहुत ज्यादा बढ़ जाती है,

सिर्फ रोती है, ना सोती है, ना ही कुछ खाती है,

ना अपना और ना बच्चे का ध्यान रख पाती है,

मां का मातृत्व महसूस ही नही कर पाती है,

चिल्लाती है, घबराती है, कभी मरने को जाती है,

नही हूं मैं अच्छी मां बस ये सोच उसे खाए जाती है,

घर पर सब परेशान और भौचक्के रहते हैं,

इस अवस्था को "पोस्टपार्टम डिप्रेशन" कहते हैं,

कभी कभी उसकी हालत बहुत बिगड़ जाती है,

डरती है, शक करती है और कानों में आवाज़
आती है,

कभी सोचती है की कोई यहां अच्छा नही है,

कभी कहती है की ये बच्चा उसका नही है,

परेशान रहती है और बिल्कुल बदल जाती है,

कभी अपने नवजात शिशु को गला घोटकर मारना
चाहती है,

उसकी इन आखों से अब सिर्फ आसूं बहते हैं,

इस भयावह रोग को "पोस्टपार्टम साइकोसिस"
कहते हैं,

अगर ये सब होता है तो तुरंत मनोचिकित्सक को
दिखाना है,

जल्द उपचार कर मां और शिशु की जान बचाना है,

इलाज से फिर ये संकट का बादल हट जाता है,

वह जननी है, प्रियतमा है और अर्धांगिनी है,

जो उसे नही समझा हमेशा पछताता है।

6. याद रहे संसार में नारी का सर्वोत्तम स्थान है,

उसके बिना जगत में किसी की नही पहचान है,

वह पार्वती है, दुर्गा है और कभी काली है,

उसके प्यार और त्याग की गाथा बहुत निराली है,

कभी मां, कभी बहन, कभी पत्नी तो कभी बेटी,

अनेकों रूपों में वो हमारे समक्ष आती है,

अपने प्यार और श्रद्धा से हमारा जीवन सुखी बनाती है,

उसका मन है बहुत ही कोमल जहां प्यार ही प्यार है,

उसको समझे और प्यार करे हम ये उसका अधिकार है,

हो नारी सुरक्षा और सम्मान अगर धरती को स्वर्ग बनाना है,

स्वस्थ तन-मन हो उसका अगर सबका जीवन पार लगाना है,

स्वस्थ सुरक्षित नारी के आंचल में सुख चैन इठलाता है,

वह जननी है, प्रियतमा है और अर्धांगिनी है,

जो उसे नही समझा हमेशा पछताता है॥

आत्महत्या: एक कड़वा सच

1. जीवन एक वरदान है, जिसे हम सबने पाया है,
   हँसते खेलते जीते है, ये तो प्रभु की माया है।
   माता पिता का अंश है, ये जो मन और काया है
   इसको सुरक्षित रखना सब धर्मों ने सिखलाया है।

2. इस हर्षित जीवन में अचानक क्या हो जाता है,
   एक हँसता खेलता मनुष्य अब खुद मरना चाहता है,
   कभी काटता है कलाई और कभी कीड़ों की दवाई खोजता है,
   कभी एक बंद कमरे में, पंखे से लटकने को जूझता है,
   सबको जिंदादिल करने वाला आज खुद मरना चाहता है,
   कहीं कुछ तो गड़बड़ है, जो समझ में नहीं आता है।

3. आत्महत्या की कहानी किसी महाभारत से कम नहीं,
   अनेकों युद्ध होते अंतर्मन में, जिसमें मैं और हम नहीं,
   आत्महत्या के जाल में, मनुष्य जीवन नष्ट करता है,
   आज देश में हर चार मिनट में कोई ना कोई खुद मरता है।

4. पहले संविधान में आत्महत्या करना एक जुर्म
   होता था,
   यूँ ही खुद को मारना किसी गुनाह से कम नही
   होता था
   मेंटल हेल्थ केयर एक्ट २०१७ ने उसे आई पी सी
   ३०९ से हटाया,
   नही होगा ये अब अपराध और इसे मानसिक
   बीमारी बतलाया।
   जेल नही होगी परंतु अब मन का इलाज होगा,
   सब कारणों को दूर करने का एक अथक प्रयास
   होगा।

5. आत्महत्या मन का कैंसर है, जो दीमक बन
   जाता है,
   एक हर्षित मनुष्य को अंदर से पूरा खाता है।
   प्यार में टूटा हुआ दिल हो, या फिर हो बेरोजगारी,
   फसल सूख गई हो या ऋण की हो देनदारी,
   तलाक हो रहा जीवनसाथी से या हो कोई लाइलाज
   बीमारी,
   इन सबके कारण हो सकती है मन में उदासी की
   बीमारी (डिप्रेशन),
   मनुष्य दुखी, हताश और आशारहित हो जाता है,
   इस भंवर से निकलने का कोई उपाय नहीं आता है,

मन में एक बेचैनी और आंखों में नींद नही आती है,

दर्द की धारा अब आंखों से बही चली जाती है,

कुछ उम्मीद नहीं दिखती, जहां भी वो जाता है,

अब मर जाना ही उसको एक आखिरी उपाय नजर आता है।

6. ये सोच अब बार बार आती है, और बढ़ती चली जाती है,

एक बलवान जिंदगी अब मौत से कमजोर नजर आती है,

इतना कुछ होने पर भी हम सब उसको अनदेखा करते हैं,

कहते है कुछ नही है, क्या ऐसे कोई लोग मरा करते हैं।

मानसिक, सामाजिक और पारिवारिक सहायता के अभाव में वो दिन आखिर आ ही जाता है,

जब वो अपने दुख के निदान के लिए, रस्सी लेकर पंखे से लटक जाता है,

एक मासूम जिंदगी यूँ ही दम तोड़ देती है,

अपने पीछे ना जाने कितनो को बेसहारा छोड़ देती है।

7. हमने जिसको भी खोया है, आओ उसका पश्चाताप करें,

दुखी मन की आहुति के लिए सब मिलकर संताप करें,

यह प्रण ले कि अब ना कोई नौजवान फांसी लगाएगा,

यह प्रण ले कि ना कोई किसान अब गंगा में डूबने जाएगा।

यह प्रण ले कि ना कोई लड़की अब सल्फास खाएगी,

यह प्रण ले कि ना कोई नवविवाहिता खुद को आग लगाएगी।

8. आत्महत्या परिणाम है अंदर पनप रही मानसिक बीमारी का,

समझना है ये दर्द अब ऐसे हर एक दुखियारी का,

सही समय पर सही इलाज अब उसका करवाना है,

एक मरती हुई आत्मा को नया जीवन दिलवाना है,

गांव-गांव घर-घर बस यह संदेश पहुंचाना है,

अपने समाज से आत्महत्या का कलंक हटाना है,

जैसे शरीर का करते हो वैसे मन का भी ख्याल करो,

ना शर्म करो ना सकुचाहट बस पूरी देखभाल करो,

हर वर्ग और पीढ़ी को अब इतना ही बतलाना है,

जीवन बहुत कीमती है उसे हर हाल में जीते जाना है॥

डिमेंशिया: भूला हुआ सच

1. भूलते होगे सब कुछ ना कुछ
   इसमें तो कोई बड़ी बात नही,
   मैं कौन हूं और कहां से आया,
   मुझे तो अब ये भी याद नहीं।

2. जीवन बहुत निराला था,
   खुशियों का जैसे प्याला था,
   मदमस्त उन्माद था मन में,
   कहां मैं रुकने वाला था,
   भूलता नही था कभी कुछ
   हर काम वक्त पर करता था,
   कोई जन्मदिन हो या कैसा भी अवसर
   मेरी याददाश्त से वो ना बचता था,
   अब पैछठ का हो गया हूं शायद
   अब वो पहले जैसी बात नही,
   मैं कौन हूं और कहां से आया,
   मुझे तो अब ये भी याद नहीं।

3. सुबह क्या खाया, रात खाने में क्या था,

   ना कुछ खबर थी मुझे ना कुछ पता था,

   कभी निकल गया जो घर से बाहर

   तो गलियों गलियों अपना घर ढूंढ़ते फिरा था,

   लेने गया था सब्जी मगर हाथ में दूध लिए खड़ा

   था,

   बिना डायरी और पैन के

   अब मेरी कोई औकात नही,

   मैं कौन हूं और कहां से आया,

   मुझे तो अब ये भी याद नहीं।

4. धीरे धीरे याददाश्त और कमजोर होने लगी

   सबके नाम भूलने लगा और शक्ल धुंधली होने

   लगी,

   अभी कहो तो कुछ समझता था

   पर कुछ ही मिनटों में भूल जाता था,

   मैं वाकई में क्या भूला हूं कुछ

   इतना भी याद नहीं आता था,

   अब तो सारे मंजर मुझे नए से लगने लगे,

   अपने पराए तो कभी पराए अपने लगने लगे,

   सबकी बातें सुनता हूं मगर,

   मुझे अब किसी पर विश्वास नहीं,

मैं कौन हूं और कहां से आया,

मुझे तो अब ये भी याद नहीं।

5. कानों में आवाजे आती है अब,

हर पल मैं इनसे डरता हूं,

असमंजस और बेहाल होकर

रात भर शोर मैं किया करता हूं,

कोई नया काम दिए जाने पर

बहुत असहाय महसूस मैं करता हूं,

बदले में क्रोध और हिंसा

अब मैं सबसे करता हूं,

मन भी उदास रहता है अब,

जैसे कोई भी आश नही,

मैं कौन हूं और कहां से आया,

मुझे तो अब ये भी याद नहीं।

6. समय के साथ अब हालत और बिगड़ने लगी,

नई पुरानी हर चीज अब मुझसे बिछड़ने लगी,

कभी भी लोगों के बीच बैठकर

उनकी बात नही समझ पाता हूं,

सिर्फ अपनी बात पूरी करने के लिए

अक्सर झूठी कहानियां मैं बनाता हूं,

पहले तो होते थे शतरंज और ताश

अब लूडो भी नही मैं खेल पाता हूं,

लोग अक्सर हँसते हैं मुझ पर,

खुद को हमेशा दोषी ठहराता हूं,

अब ना किसी से बातचीत

और होती कोई मुलाकात नहीं,

मैं कौन हूं और कहां से आया,

मुझे तो अब ये भी याद नहीं।

7. पहले तो भूला था बाहर वालों को,

पर अब घर के लोगो को भी भूलने लगा,

घर से बाहर तो क्या जा पाता,

घर में अपना कमरा भी ढूंढ़ने लगा,

कभी यूं ही फाड़ देता था अपने कपड़े,

कभी बिस्तर पर ही शौच कर देता था,

समझ नही आता था अब कुछ,

कभी अपना मूत्र भी पी लेता था,

बन गया था ना जाने क्या मैं,

जैसे मैं कोई इंसान नही,

मैं कौन हूं और कहां से आया,

मुझे तो अब ये भी याद नहीं।

8. डिमेंशिया कहते हैं इसको, इसके कई प्रकार हैं,

अल्जाइमर, वैस्कुलर, लेवी बॉडी

ये सब इसके लिए जिम्मेदार हैं,

पूरा तो इलाज नही है,

पर फर्क जरूर पड़ता है,

याददाश्त खोने की गति पर,

कुछ अवरोध जरूर लगता है,

दवाइयों से मन शांत होता है,

और डर भी कम लगता है,

नींद अच्छी आती है,

हर कोई विनम्र लगता है,

व्यवहार भी सुधरता है,

कुछ इंसान सा अब लगता हूं,

ज्यादा अब भी कुछ याद नहीं,

पर उसकी चिंता अब मैं कम करता हूं,

अब रोज टैबलेट्स मैं खाता हूं,

भूलता हूं मगर अब उतना परेशान नही,

मैं कौन हूं और कहां से आया,

मुझे तो अब ये भी याद नहीं।

9. जैसे जैसे उम्र बढ़ती है,

तन-मन का पतन होता है,

याददाश्त का कमजोर हो जाना,

ये स्वावाभिक भी होता है,

मगर इससे हमें डरना नहीं,

हमें इससे अब लड़ना है,

अच्छे खानपान और जीवनशैली से,

अपनी न्यूरॉन्स को जिंदा रखना है,

और जितना हम पढ़ते हैं,

दिमाग उतना ही सक्रिय होता है,

ऐसे लोगो को डिमेंशिया होने का,

खतरा बहुत कम होता है,

जीवन को समृद्ध बनाओ,

अच्छी आदतों को अपनाना है,

भले ही हम बूढ़े हो जाए

पर डिमेंशिया से खुद को बचाना है॥

1. कहीं दूर से इन कानों में कोई आवाज़ आती है,
तुम ऐसे हो तुम वैसे हो, मुझसे अक्सर ये
कहती है,
ढूंढने निकलता हूं जब उसको अंधेरी रातों में,
सिर्फ आवाज़ ही होती है, उसकी झलक नही
आती है।

2. मेरी बातें वो हमेशा अंजान लोगों से किया करती है,
मैं मर क्यों नही जाता हर पल यही दुआ करती है,
हाथों से कानों को दबा लेता हूं की ना सुन सकूं उसे,
अपनी सांस सी लगती है वो, मेरे अंदर रहा
करती है।

3. कभी कहती है वो मुझे चाकू उठाने को,
कभी बोलती है ऊंची छत से कूद जाने को,
खौंफ इस कदर बैठा है अब मेरे अंदर,
जैसे तैयार बैठी है मेरी जान जाने को।

4. अब तो ये लगता है की कोई हर वक्त मेरा पीछा
    कर रहा है,

    ऐसा महसूस होता है कि टेलीविजन समाचार मेरे
    लिए पढ़ रहा है,

    अब तो मेरे दिमाग से बातें निकलकर दूसरों के
    दिमाग में चली जाती हैं,

    मन विचार रहित हो जाता है, कोई बात समझ
    नही आती है।

5. ना हँसता हूं ना अब रोता हूं, ना भावनाओं में
    खोता हूं,

    रिश्ते नाते भूल गया सब और ना अब चैन से
    सोता हूं,

    हर कोई लगता है दुश्मन ये कैसी रंजिश मन ने
    पाली है,

    डरता छिपता रहता हूं सबसे जैसे मेरी शामत आने
    वाली है।

6. लोग बदलते हैं चेहरे अब और ये दुनिया रोज
    नए रंग,

    रिमोट कंट्रोल से चलने लगा है मेरे शरीर का हर
    अंग,

    पत्थर सा हो गया हूं, कुछ ना मन को भाता है,

अनदेखी आवाज़ों और परछाइयों से लगता जन्मों
का नाता है।

मर जाऊं या मार दूं किसी को, बस एक खयाल
यही रहता है,

क्या मुझे कोई समझ सकेगा कभी, बस एक
सवाल यही रहता है।

मन की वेदना किसको बताऊं, सब तो यहां
मुखालिक है,

नही है कोई माथे का तिलक बस सिर्फ ये एक
कालिख है।

मैं मुझमें हूं ही नहीं जैसे कोई अंदर मेरे आ बैठा है,
तू विकृत, तेरा जीवन व्यर्थ, हमेशा मुझसे यही
कहता है।

7. सिजोफ्रेनिया कहते हैं इसको, ये एक मानसिक
   बीमारी है,

   अब तक जो भी पढ़ा आपने ये उसके लक्षणों की
   जानकारी है।

   इलाज ना मिलने पर मनुष्य मनुष्य ना रह पाता है,
   कुछ ही वर्षों में सड़क पर कूड़ा बीनते नजर
   आता है।

   कारगर दवाओं (एंटी साइकोटिक्स) से परिणाम
   बहुत ही अच्छे हैं,

   इलाज लम्बा है पर सफल है, बूढ़े हो या बच्चे हैं।

8. सही जानकारी और इलाज से, भयाभय आवाज़ों से लड़ना है,

भयभीत और असहाय मरीज को फिर से अच्छा करना है,

रोगमुक्त मन और खुशहाल जीवन, यही प्रकृति का साज है,

सुन सको तो सुन लो, बस यही एक मनोचिकित्सक के दिल की आवाज़ है॥

ऑब्सेसिव कंपल्सिव डिसऑर्डरः क्यों ऐसा हूं मैं

1. कभी ऐसा लगता है, कभी वैसा लगता है
   मैं फिर से गंदा हूं, मुझे ऐसा लगता है।

2. धुलता हूं हाथ बार बार और कपड़े भी बदलता हूं
   ना छू जाए कोई चीज मुझे, हमेशा संभल कर चलता हूं,

   पर फिर से हो गया हूं गंदा बस ये सोच मन से जाती नहीं,

   रात भर करवटें बदलता और नींद मुझे आती नही,

   जितना मन में ये खयाल आता है, बैचेनी उतनी बढ़ती जाती है,

   मैं करता रहता साफ हाथ अपने और साबुन घिसती जाती है।

   मन बहुत अशांत है मेरा और दिल से ना सुकून निकलता है,

   अब इन हाथों से मैल नही बस सिर्फ खून निकलता है।

3. हाथ धुलकर कुछ पल अच्छा लगता है मगर फिर वही सोच आ जाती है,

निराश हो गया है ये जीवन और जिंदगी बोझ बन जाती है।

रहता हूं अब हमेशा अकेला, ना किसी से मिलता जुलता हूं,

काम कैसे कर पाऊंगा कोई, जब घंटो हाथ मैं धुलता हूं।

4. अब कुछ दिनों से कुछ नई सोच आने लगी है,

खुली रह गई है दरवाजे की कुंडी जो मुझे तड़पाने लगी है,

रात भर उठकर बस यही बार बार देखता हूं,

ताला- कुंडी बंद होते हैं, मगर फिर भी उसे खींचता हूं।

मन कुछ शांत होता है, चेहरे पर हँसी आती है,

मगर जैसे ही बिस्तर पर जाता हूं वो सोच फिर से आ जाती है,

जब नींद नहीं आती है और बेचैनी बढ़ती जाती है,

मैं फिर से वही करता हूं और रात बीतती जाती है।

5. अब तो ऑफिस में भी ध्यान मेरा पार्किंग में रहता है,

शायद कार का लॉक खुला है, मन मेरा यही कहता है,

किसी ना किसी बहाने से बार बार जाकर देखता हूं

लॉक तो बंद होता है और खुद को मैं कोसता हूं।

नही कर पा रहा हूं कोई काम, ये सोच मुझ पर भारी है,

ये कोई वहम है, या एक मानसिक बीमारी है।

6. जब कोई रास्ता नहीं बचा, मैंने मानसिक सहायता ली,

पहुंचा मनोचिकित्सक के पास और अपनी सारी व्यथा कही,

ऑब्सेसिव कंपल्सिव डिसऑर्डर कहते हैं इसको,

विस्तार से मुझको समझाया,

कैसे और क्या इलाज है, सब कुछ मुझको बतलाया,

दवाई (एस एस आर आई) और साइकोथेरेपी (बी टी) से मेरा उपचार किया,

मेरे जीवन में शांति और खुशियों का प्रचार किया।

7. धीरे धीरे आत्मविश्वास बढ़ा और मेरी सोच बदलने लगी

बैचेनी गायब हो गई और एकाग्रता बढ़ने लगी।

अब मैं हूं पहले जैसा और सबको मेरा यही संदेश है,

सही समय पर और पूरा इलाज बस यही मेरा उपदेश है॥

वैवाहिक असामंजस्य: पति पत्नी और सच

ज़िंदगी जब हमें किसी से मिलाती है,

तब हमें हमारे लिये जीना सिखाती है,

कोई अजनबी कहीं से आता है,

दिल के घर में बसता चला जाता है,

वो चेहरा वो आवाज़ जानी पहचानी सी लगी,

उसकी हर बात एक कहानी सी लगी,

वो कहानी जो खुद को सुनाते थे हम,

जिस कहानी में जीना चाहते थे हम,

वो कहानी जुबान पर आने लगी,

ज़िंदगी जैसे मुस्कुराने लगी,

जिसे देखा तो लगा कुदरत ने सपना साकार किया है,

किसी के रूप में मेरी सोच को आकार दिया है,

देखते ही जिसे पहचान गये हम,

मेरी कहानी ने मुझे वो राजकुमार दिया है,

कुदरत कैसे अपना खेल दिखाती है,

दिल की आवाज़ दूर तलक चली जाती है
मेरी तलाश की उम्र भी पूरी हो जाती है,

किसी के साथ से ज़िंदगी महक जाती है,

नज़दीकियां जब बढ़ने लगीं,

जागती आँखों में रातें गुज़रने लगीं,

दिल में बस अब यही अरमान था,

साथ तेरा ही अब मेरी पहचान था,

सात फेरों से मुझे मुस्कान मिली,

तेरे नाम से जब मुझे पहचान मिली,

ज़िंदगी इतनी हसीन होती है तब ये जाना हमने,

तुझे पाकर खुद को खुशनसीब माना हमने,

हँसते खिलखिलाते दिन गुजरने लगे,

हम एक दूजे के लिए जीने मरने लगे,

ख्याल खुद से ज्यादा अब तुम्हारा था,

हमारा वक़्त भी अब कहाँ हमारा था,

सुबह की चाय से लेकर रात के खाने तक,

तुम्हारे रूठ जाने से लेकर तुम्हें मनाने तक,

हर पल खुशमिजाजी से जीते थे हम,

छोटी छोटी बातों को एक तरफ रख देते थे हम,

कुछ कहासुनी के कड़वे घूट पीते थे हम,

कभी बिलखते तो कभी सुब्कियाँ लेते थे हम,

फिर कहानी में एक मोड़ आ गया,

और घर में एक नन्हा फरिश्ता और आ गया,

उसके आने से कहानी सुहानी लगी,

ज़िंदगी फिर से मुस्कुराने लगी,

अब अपना खयाल भी ना शाम ओ सहर रहता था,

ध्यान उसका ही बस आठों पहर रहता था,

इस तरह उसके करीब आने लगे थे,

एक दूसरे से हम दूर जाने लगे थे,

हमें सिर्फ उसकी परवरिश का रहता खयाल था,

और तुम्हें वक़्त नहीं दे पाते इस बात का भी मलाल था,

फ़र्ज़ के सामने हसरतें दम तोड़ देती हैं,

ज़िम्मेदारिया कभी कभी मोहब्बत का रुख मोड़ देती हैं,

हसरतें सामने खड़ी थी, मगर ज़िम्मेदरिया उनसे ज्यादा बड़ी थी,

उन्हीं जिम्मेदारियों को अब निभा रहे थे हम,

या यूं कहो उनमें उलझते जा रहे थे हम,

वक़्त ना दे पाना एक मजबूरी थी,

इस वजह से पति पत्नि में बढ़ रही दूरी थी,

क्या करें बच्चों की परवरिश बहुत जरूरी थी,

काश ये बात समझ पाते तुम,

और रिश्तों में दरार ना लाते तुम,

सिर्फ पैसा कमाना ही सब कुछ नहीं,

घर चलाने बच्चे पढ़ाने की अहमियत जान पाते तुम,

ना छोटी छोटी बातों पर तुम तकरार करते,

कभी तो उम्मीद से बाहर आकर मुझे प्यार करते,

मगर तुम्हें तो सिर्फ झुंझलना आता था,

ये नहीं किया वो नहीं हुआ ये बताना आता था,

तुम्हें कहाँ फर्क पड़ता था मेरी थकान से,

कैसे घर बनाया मैंने मकान से,

तुम्हें तो सिर्फ कमियां नज़र आने लगीं,

दूसरों की बीवीयां अपनी से बेहतर नज़र आने लगीं,

बड़े मन से सजाया था घर का कोना कोना,

काश तुम देख पाते गमलों में फूलों का होना,

तुम्हें कभी तो दिखाई देता मेरा बिन आसुओं के रोना,

तुम तो सीख गए थे, सिर्फ घर आना, खाना खाना और सोना,

तुम्हें फर्क नहीं पड़ता था बच्चों की मनुहार से,

ना ही कोई नाता था तुम्हारा तीज त्योहार से

दीवाली पे अब रौनक ना कोई लगे,

होली के रंग भी बेरंग होने लगे,

धीरे धीरे बच्चे बड़े होने लगे,

तुम्हारी बदसलुकीओं को वो भी ढोने लगे,

तुम्हारे घर आते ही एक सन्नाटा छा जाता था,

बच्चों के चेहरे पर डर साफ नज़र आता था,

अब तो बच्चे भी सकपकाने लगे,

खिलते फूल जैसे मुरझाने लगे,

जिनके लिए मैंने एक एक पल जोड़ा था,

तकदीर ने उन्हें दोराहे पर ला छोड़ा था,

मोहब्बत अब मुह मोड़ने लगी,

मेरी उम्मीदें भी अब दम तोड़ने लगीं,

ना कोई साथी ना सहारा नज़र आया,

डूबती नाव को ना कोई किनारा नज़र आया,

कितनी ख्वाहिशें दफना दीं घर को घर बनाने में,

सारे अरमान लुटा दिये सिर्फ तुम्हारे मुस्कुराने में,

कभी कभी तुमसे नाराजगी का इज़हार किया,

मगर सारी कड़वाहट पीकर भी सिर्फ तुमसे प्यार किया,

मगर अब दिल भर आता है,

मेरा स्वाभिमान मुझे समझाता है,

तू औरत है, पत्नि है, मां है, मगर क्या इंसान नहीं,

जो एक मर्द तुझे हर वक़्त तकलीफ पहुँचाता है,

बस एक आखिरी गम सहना है,

कि तेरे बग़ैर अब जिंदा रहना है,

तुम समझ ना सके कीमत मेरी,

अब तुम रहो जैसे तुम्हें रहना है,

पत्नि अंत समय तक साथ निभाती है,

मगर फिर पलटकर नहीं देखती एक बार अगर चली जाती है,

काश तुम्हारी संवेदनाएं ना मरतीं,

तो मेरी पीड़ाएं मुझे यूँ लाचार ना करतीं,

तुम कतरा कतरा ना दूर होते,

हम भी ना घर छोड़ने को मज़बूर होते,

ज़िंदगानी ना इस तरह रुलाती,

और मेरी कहानी ना दर्द भरी कहाती॥

बॉर्डरलाइन पर्सनालिटी डिसऑर्डर:
अकेली हूं मैं

1. बैठा था मैं अपने क्लिनिक में,

   एक मां २० वर्ष की बेटी के साथ आती है,

   बार-बार काट लेती है ये अपना हाथ,

   ऐसा उसकी मां मुझे बतलाती है,

   क्यूं पहुंचाती है वो खुद को नुकसान,

   क्यों वो इतना गुस्सा करती है,

   जीना चाहिए खिशदिल हो कर,

   पर हर रोज वो क्यों मरती है।

2. आइए आपको एक सच्ची कहानी सुनाता हूं,

   बीपीडी के बारे में सब कुछ मैं बतलाता हूं,

   स्वस्थ पैदा हुई थी वो जन्म पर,

   धीरे धीरे सकुशल बड़ी हुई,

   मां की आंख का तारा थी वो,

   और पापा की वो परी हुई,

   माता पिता में थी आपसी अनबिन,

   जल्दी ही उनका हुआ तलाक,

छोड़ वो पापा को अपने,

रहने लगी अकेली मां के साथ,

मुसीबतों में बड़ी हुई,

कई अपमान वो सही हुई,

बचपन की बातों को लेकर,

अक्सर आँखें वो भरती है,

जीना चाहिए खिशदिल हो कर,

पर हर रोज वो क्यों मरती है।

3. धीरे धीरे उसका व्यक्तित्व बदलने लगा,

मैं कौन हूं, मेरी कोई पहचान नहीं,

हर वक्त उसे ये अब लगने लगा,

मन के अंदर एक खालीपन सा होता था,

वो जागती रहती थी, जब हर कोई सोता था,

कुछ भी अच्छा नहीं लगता था,

मन उदास हो जाता था,

कोई नहीं समझता है मुझको,

हर पल मन ये कहता था,

गिर पड़ता है अब गुस्से का आसमान,

ना होती पैरों के नीचे धरती है,

जीना चाहिए खिशदिल हो कर,

पर हर रोज वो क्यों मरती है।

4. मिली वो कॉलेज में एक लड़के से,

प्यार बहुत ज्यादा उसे करने लगी,

ना छोड़ती थी वो उसको पल भर,

दिल और जान से उस पर मरने लगी,

तन-मन सब उसको वो दे बैठी,

उसकी खुशी का ठिकाना ना रहा,

पर एक दिन छोड़ गया वो उसे,

सपना उसका काला ही रहा,

फिर से हो गई अकेली,

खुद से ही दुख बाटती रहती है,

तन्हाइयों के गम में डूबकर,

वो अपना हाथ काटती रहती है,

पल भर के लिए दिल का दर्द मिट जाता है,

इसलिए अब वो बार बार ये करती है,

जीना चाहिए खिशदिल हो कर,

पर हर रोज वो क्यों मरती है।

5. अब तो उसे किसी भी बात पर

अजीब गुस्सा सा आ जाता है,

जैसे सिर चढ़ गया हो कोई भूत,

एक पागलपन सा नजर आता है,

अब तो उसकी सोच सिर्फ

'स्प्लिटिंग' पर जिया करती है,

सब अच्छे हैं, या सब बुरे हैं,

अब ऐसा ही वो गिना करती है,

दिल में छुपा है कितना ही दर्द,

आंखों में प्यार की प्यास है,

होते हैं लोग उसके साथ,

पर तब भी कोई नही उसके पास है,

किसी के करीब जाने से,

अब वो हमेशा डरती है,

जीना चाहिए खिशदिल हो कर,

पर हर रोज वो क्यों मरती है।

6. बीपीडी अधिकतर महिलाओं में पाया जाता है,

जीवन अस्त-व्यस्त हो जाता है,

कोई भी ना दिल को भाता है,

'मूड स्विंग्स' इतने होते है,

जैसे सावन की बरसात है,

आत्म-सम्मान के अभाव में,

रहते बहके इनके जज़्बात है,

दिल के चैन और मन के साथ को,

हर पल वो खोजा करती है,

जीना चाहिए खिशदिल हो कर,

पर हर रोज वो क्यों मरती है।

7. आइए अब मैं बताता हूं
   की कैसे इसका उपचार करे,

   एक परेशान किशोरी के जीवन में,

   कैसे खुशियों का संचार करे,

   पहले तो ये समझिए की

   वो सच में परेशान है,

   पूजा टोटका काम नही आयेगा,

   मानसिक सहायता ही इसका निदान है,

   कोई तो मेरी मदद करेगा,

   उसका इंतजार वो करती है,

   जीना चाहिए खिशदिल हो कर,

   पर हर रोज वो क्यों मरती है।

8. 'डायलेक्टिकल बिहेवियर थेरेपी' (डीबीटी) ने,

   बहुत अच्छा परिणाम दिखाया है,

   अनेकों को स्वस्थ किया है,

   बुरे साए को हटाया है,

   मानसिक दवाईयों ने भी सही काम किया है,

   गुस्से को थाम कर मन को आराम किया है,

   अब वो सबसे मिलती है,

   सब में खुशियां बाटती है,

   खालीपन हो गया अब खत्म,

अब ना वो हाथ अपना काटती है,

जीवन उसका बदल गया है,

जिम्मेदार नागरिक बन कर आई है,

सपने लेकर चल उड़ी गगन में,

अब वो एक लक्ष्मीबाई है,

याद रहे कि हर एक बेटी,

इस संसार की जननी है,

उसके दुख को ना अनदेखा कर,

उसकी सेवा हमें करनी है,

अब हमारा यही प्रयास होगा,

क्यूंकि राखी वो बांधा करती है,

जीना चाहिए खिशदिल हो कर,

हां अब हर रोज वो यही करती है॥

जनरलाइज्ड एंग्जायटी डिसऑर्डर: चिंतित सच

1. हर पल खुमारी छाई होती है, कभी सुकून नहीं मिलता है,

    कभी इस बात की तो कभी उस बात की, मुझे हर बात की चिंता है,

    कहीं जाना होता है या हो कोई कैसा भी काम,

    मन बस यही सोचता है कि क्या होगा उसका अंजाम,

    सिर लगता है फट जाएगा और सांसे भारी हो जाती है,

    बेचैनी भी होने लगती है और धड़कन भी बढ़ जाती है।

2. पहले एग्जाम हो या इंटरव्यू पेट में तितलियां उड़ती थी,

    उल्टी लगना सिर चकराना, हथेलियां भी ठंडी पड़ती थी,

    पर अब बिना किसी बात के सिर्फ सोच से ही ये हो जाता है,

चिंता का घना बादल अब हमेशा मन पर मडराता है,

कभी भी मैं खुद को ना हल्का महसूस किया
करता हूं,

अनगिनत अदृश्य बेड़ियों से हर पल मैं बंधा
करता हूं,

जतन किए और नमन किए पर घबराहट कम नही
होती है,

चेहरे पर है व्याकुलता और तन में अगन सी
होती है।

धड़कन का बढ़ना, सांसे रुकना और हर वक्त
पसीना आना,

पेट में खलबली होना, फिर चक्कर आकर लेट
जाना,

पैरों में जलन होना और हाथों का झनझनाना,

नकारात्मक चिंताभरी सोच का मन में आना जाना,

एकाग्रता ना होना और नींद का नही आना,

अब हर पल इन लक्षणों से रोज मैं लड़ता हूं,

हँसना चाहता हूं मैं मगर अब रो दिया करता हूं।

3. जीवन में सब कुछ तो है ठीक मगर ये चिंता क्यों
खाए जाती है,
चिंता की काली बदली मेरे मन में समाए जाती है,
एक बात निकलती है तो दूसरी आ जाती है,

मन की सड़क पर चिंता की गाड़ी दौड़ती चली जाती है,

मंदिर गया मस्जिद गया, योग किया प्राणायाम किया,

शायद ऐसे ठीक हो जाऊं कितना ही आराम किया,

जब कोई यत्न ना काम आया, और कोई जतन ना भाया,

पहुंचा मैं मनोचिकित्सक के पास और मन का हाल सुनाया।

4. चिंता की बीमारी (जी ए डी) कहते है, जो मन का नाश करे,

हंसमुख जीवन को ले जाकर ये चिता में जिंदा लाश करे,

दवाईयों और थैरेपी ने असर कुछ यूँ किया,

धीरे धीरे चिंता फुर्र हो गई, मैंने मुस्कराना फिर से शुरू किया।

5. अब कभी कभी चिंता आती है, मगर मैं उससे लड़ना सीख गया हूं,

सकारात्मक सोच के साथ मैं आगे बढ़ना सीख गया हूं,

अब यही सबको कहना है, खुशी जीवन का गहना है,

चिंता चिता समान है, इसमें जलकर मर जाना है,

इसलिए बीमारी को पहचानो और जल्द ही इसका निदान करो,

चिंता छोड़ खुशी अपनाओ, खुद को जीवनदान करो॥

सोच: सबसे बड़ी ताकत

1. यारों ये सोच भी बड़ी अजीब चीज़ है,

   कभी मुश्किल तो कभी अजीज चीज़ है,

   ना हो पाती है हमेशा ये मेरे मन के वश में,

   क्या कहूं ये बड़ी बदतमीज़ चीज़ है।

2. जब जागता हूं रातों में तो वो होती है,

   मैं सो भी जाऊं मगर वो कहां सोती है,

   सपनों में उसका घर इतना करीब है,

   ना हो पाती है हमेशा ये मेरे मन के वश में,

   क्या कहूं ये बड़ी बदतमीज़ चीज़ है।

3. पहले मैं भी बहुत मनमौजी था,

   मेहनती किसान और बहादुर फौजी था,

   धीरे धीरे मन में सोच ने बदला ऐसा रंग,

   कि अब बदल गया मेरी जिंदगी का ढंग,

   ये मानसिक बीमारी का एक ऐसा बीज है,

   ना हो पाती है हमेशा ये मेरे मन के वश में,

   क्या कहूं ये बड़ी बदतमीज़ चीज़ है।

4. सच कहते थे सब की पॉजिटिव सोच रखो,

   अच्छे विचार अपने पास हर रोज रखो,

   नेगेटिव सोच ने कुछ ऐसा कोहराम किया है,

   बाहर से जिंदा हूं, मन को कत्ल-ए-आम किया है,

   कतरा कतरा मर रहा हूं जेहन में अब,

   कि पलकें तो सूखी हैं, मगर ये दिल पसीज है,

   ना हो पाती है हमेशा ये मेरे मन के वश में,

   क्या कहूं ये बड़ी बदतमीज़ चीज़ है।

5. नकारात्मक सोच ही सबकी जननी है,

   डिप्रेशन, पैनिक, एंग्जायटी सब इसकी करनी है,

   धीरे धीरे मन में जब ऐसी सोच आती है,

   तब मन को ये दीमक की तरह खाती है,

   मन का वृक्ष इतना निर्बल हो जाता है,

   कि आंधी क्या, हल्की हवा से भी गिर जाता है,

   ऐसे में राई भी पहाड़ लगने लगती है,

   हर वक्त आसूंओं की दहाड़ लगने लगती है,

   एक जिंदादिल इंसान देखो अब मरीज़ है,

   ना हो पाती है हमेशा ये मेरे मन के वश में,

   क्या कहूं ये बड़ी बदतमीज़ चीज़ है।

6. आईए चलिए कुछ अच्छी बात करें,

   आपको बताता हूं की कैसे इस सोच को साफ करें,

   सबसे पहले खुद ही अपने मन से मिलना होगा,

   घाव जो अंदर है उसे अब सिलना होगा,

   अपनी सोच को पहचानों और उस पर ध्यान दो,

   नेगेटिव और पॉजिटिव सोच का फर्क पहचान लो,

   अब नकारात्मक सोच को जोर से टोक दो,

   उसे मन के दरवाजे पर ही अब रोक दो,

   धीरे धीरे ऐसे सोच वापिस जाने लगेगी,

   मन की शांति फिर से वापिस आने लगेगी,

   पाओगे की वो शातिर अब एक कनीज़ है,

   ना हो पाती है हमेशा ये मेरे मन के वश में,

   क्या कहूं ये बड़ी बदतमीज़ चीज़ है।

7. सकारात्मक सोच का मन में प्रसार करो,

   ध्यान को अच्छी दिशा में हमेशा रफ्तार करो,

   मेडिटेशन एक्सरसाइज म्यूज़िक योगा,

   सब प्राकृतिक कारगर उपचार हैं,

   इन सबके आगे नकारात्मक सोच लाचार है,

   रिलैक्सेशन ट्रेनिंग और सीबीटी रामबाण है,

   इनसे ही होता व्याकुल मन का कल्याण है,

अगर इससे भी ना बात बने तो,

कई मानसिक दवाईयां आपके साथ है,

बस हमें पक्के मन से करना इन पर विश्वास है,

तब आप पाओगे की दुनिया कितनी लजीज़ है,

हो जाती है ये अब आपके मन के वश में,

पॉज़िटिव सोच बहुत ही अच्छी चीज़ है॥

एगोराफोबिया: यहां फंस जाऊंगा मैं

1. धड़कन बहुत बढ़ जाती है,

   चैन ना एक पल को आता है,

   नहीं निकल पाऊंगा बाहर यहां से,

   बस यही सोचकर दिल मेरा घबराता है।

2. पहले तो कभी मेरे साथ ऐसा नहीं हुआ है,

   ट्रेन, बस, हवाई जहाज सब में सफर किया है,

   पहाड़ भी चढ़ा हूं, जंगल में भी रहा हूं,

   कभी कभी तो मैं गुफाओं में भी गया हूं,

   मगर अब अंदर से कुछ बदला सा जाता है,

   नहीं निकल पाऊंगा बाहर यहां से,

   बस यही सोचकर दिल मेरा घबराता है।

3. अब लिफ्ट में अक्सर चक्कर मुझे आता है,

   पसीना पसीना हो कर मन सहम जाता है,

   लगता है अंदर फंस जाऊंगा, फिर बाहर मुझे कौन निकालेगा,

   जैसे कोई दानव हो ये जो मुझे पूरा खा लेगा,

घर है मेरा दसवीं मंजिल पर, मगर लिफ्ट की
तरफ नही बढ़ता हूं,

थक थक कर मर मर कर अब रोज सीढ़ियां
चढ़ता हूं,

क्या बताऊं कैसे मेरा दम निकला जाता है,

नहीं निकल पाऊंगा बाहर यहां से,

बस यही सोचकर दिल मेरा घबराता है।

4. ट्रेन बस हवाई जहाज सब में चलना हो गया दूभर,

सब बन कर बैठे है बोझ मेरे इस मन के ऊपर,

कहीं भी जाने से अब मैं कतराता हूं,

भीड़ को देख कर मुंह मोड़ लाता हूं,

मेला, शादी, त्यौहार सब छूट गए,

कोई अब पास ना मेरे आता है,

नहीं निकल पाऊंगा बाहर यहां से,

बस यही सोचकर दिल मेरा घबराता है।

5. अब हालत इतनी बिगड़ी है की अकेले कमरे में भी
ना रह पाता हूं,

छत गिर जायेगी, दरवाज़ा बंद हो जायेगा बस यही
सोचता रहता हूं,

बेचैनी इतनी बढ़ जाती है, कुछ काम ना करता है,

ऐसे लगता है हर वक्त जैसे यमराज मेरा पीछा
करता है,

दुनियां लगने लगी है बोझ और मन मेरा पछताता है,

नहीं निकल पाऊंगा बाहर यहां से,

बस यही सोचकर दिल मेरा घबराता है।

6. फिर एक मित्र ने सलाह दी कि जाकर
मनोचिकित्सक को दिखाओ,

घुट घुट कर मत जियो, अपना सही इलाज करवाओ,

जल्द ही दवाई शुरू हुई और थेरेपी का सहारा मिला,

ऐसा लगा सच में जैसे डूबते को किनारा मिला,

धीरे धीरे मन का डर निकला और मैं बदल गया,

बहका बिखरा जो था मैं पहले देखो अब संभल गया,

ज़िंदगी आज फिर से अच्छी राह पर आ गई,

परेशानी के बादल हटे और खुशियां छा गई,

घूमता रहता हूं अब कहीं भी मैं बेखौफ,

देखो अब ये मन मेरा मंडराता है,

अब निकल पाऊंगा बाहर कहीं से भी,

बस यही सोचकर दिल मेरा इतराता है॥

अपकामुकताः पैराफिलिया

1. आईए बात करते हैं एक विषय पर जो थोड़ा
निराला है,

   थोड़ा दुर्लभ है, हर किसी ने नही देखा भाला है,

   होता यह एक असामान्य प्रकार का कामोत्तेजन है,

   जिसमें असामान्य वस्तुओं, स्थितियों, कल्पनाओं,
   व्यवहारों और व्यक्तियों का सम्मेलन है,

   व्यक्ति स्वयं पर नियंत्रण नही रख पाता है,

   वो करता है जिसे सोच कर फिर पछताता है,

   थोड़ा अटपटा लग सकता है, मगर बताना भी
   मज़बूरी है,

   अगर मानसिक स्वास्थ्य अच्छा रखना है, तो इसे
   जानना भी जरूरी है।

2. अक्सर वो अपने वस्त्रों को हटाकर, यौन अंग
   दिखाता है,

   ऐसा करने में उसको यौन उत्तेजन आता है,

   ये इच्छा इतनी बढ़ जाती है कि रोक नही पाता है,

   यौन सुख पाने के लिए वो यह करता जाता है,

जीवन में ऐसे व्यक्ति एक तरह से नुमाइशबाजी में
रहते हैं,

इस स्थिति को एग्जिबिशनिज्म कहते हैं।

नही फर्क पड़ता इन्हें चाहे नज़दीकियाँ हों या
दूरी है,

थोड़ा अटपटा लग सकता है, मगर बताना भी
मज़बूरी है,

अगर मानसिक स्वास्थ्य अच्छा रखना है, तो इसे
जानना भी जरूरी है।

3. जब भी भीड़ में वो होता है ऐसा कर जाता है,
रगड़ता है अपने गुप्तांग महिलाओं के शरीर से
और रोक नही पाता है,

बार बार करने को यह अंदर से प्रेरित होता है,

छू कर पराए बदन को वो यौन उत्तेजित होता है,

कई बार कई दंड सहे, अब लोग दूर उससे
रहते हैं,

इस स्थिति को फ्रोट्टूरिस्तिक विकार कहते हैं,

ना होती कोई सहमति ना होती कोई मंजूरी है,

थोड़ा अटपटा लग सकता है, मगर बताना भी
मज़बूरी है,

अगर मानसिक स्वास्थ्य अच्छा रखना है, तो इसे
जानना भी जरूरी है।

4. वह लड़का है मगर लड़की के कपड़े अक्सर
पहनता है,

बस यूं ही पहना कोई पूछे तो कहता है,

सच तो ये है की वो उसके लिए कामुक उत्तेजन है,

उसकी यौन वासना का एक भोजन है,

नारी के वस्त्र पहन कर वो अथाह सुख पाता है,

हस्तमैथुन करने में फिर उसे बहुत मज़ा
आता है,

ऐसे लोग खुद को इस रूप में देख कर यौन सुख
पाते हैं,

इसको हम ट्रांसवेटिक फेटिशीसम कहते हैं।

महिला रूप धारण कर बना वो मृग कस्तूरी है,

थोड़ा अटपटा लग सकता है, मगर बताना भी
मज़बूरी है,

अगर मानसिक स्वास्थ्य अच्छा रखना है, तो इसे
जानना भी जरूरी है।

5. लोगो को वो हमेशा कपड़े बदलते हुए देखता है,

कोई नग्न शरीर दिख जाए इसलिए खिड़कियों में
झांकता है,

देखना एक निर्वस्त्र शरीर को उसे ये बहुत भाता है,

हर रोज वो इसके लिए एक नया तरीका अपनाता है,

कई बार पकड़े जाने पर उसका बहुत अपमान हुआ,

मार खाई और जेल भी गया और खूब बदनाम
हुआ,

मगर खुद को रोक पाता ये उससे हो ना सका,

अपनी इस कामुक भावना को वो खो ना सका,

कभी छिप कर देखता है तो कभी कैमरा से रिकॉर्ड
करता है,

परेशान हो कर भी वो ये हर रोज करता है,

कभी दुखी होता है, अभी आसूं बहते हैं,

इस स्थिति को वॉय्य्यूरिज्म कहते हैं,

रहता हमेशा अब उसको ये नशा अंगूरी है,

थोड़ा अटपटा लग सकता है, मगर बताना भी
मज़बूरी है,

अगर मानसिक स्वास्थ्य अच्छा रखना है, तो इसे
जानना भी जरूरी है।

6. पीडोफिलिया, सेक्सुअल सेडिज्म/ मसोचिज्म जैसे
और कई अवसाद है,

सिर्फ एक अलग सोच है या मानसिक बीमारी, ये
अभी तक एक विवाद है,

इनके बारे में अधिकतर विशेषज्ञ यही कहते हैं,

दूसरे तो होते ही हैं और अगर आप खुद भी दुखी
रहते हैं,

तब यह कोई स्वस्थ सोच नही है,

बन गई मजबूरी है, आपका कोई दोष नही है,

कोई भी ऐसी सोच जो कष्टदायक हो जाए,

कोई भी ऐसा व्यवहार जिससे अपने पराए हो जाए,

वो मानसिक स्वास्थ्य के लिए हो सकती अभिशाप है,

दूर रहना है उससे नही करना कोई मिलाप है,

भले ही क्षण भंगुर सुख मिले, मगर ये मीठी छुरी है,

थोड़ा अटपटा लग सकता है, मगर बताना भी
मज़बूरी है,

अगर मानसिक स्वास्थ्य अच्छा रखना है, तो इसे
जानना भी जरूरी है॥

मोबाइल एवम इंटरनेट एडिक्शनः एक नया सच

1. ज्ञान पहले पुख्ता होता था,

   आजकल तो लघु और वोलेटाइल है,

   पहले खेल, खिलौने, कॉमिक्स का दौर था,

   अब हर बच्चे के हाथ में मोबाइल है।

2. उसमे कोई शक नही की तकनीक ने जीवन आसान किया है,

   कोई भी समस्या हो, चुटकी में समाधान किया है,

   धीरे धीरे आज हम बहुत आगे निकल गए,

   जीवन की इस चादर के कई धागे निकल गए,

   कहानियां अठखेलियां रह गई है खामोश बन कर,

   बचपन रह गया हम भागे निकल गए,

   इस कदर नशा चढ़ा है अब हमको इसका

   की ना आखों में चमक, ना होठों पर स्माइल है,

   पहले खेल, खिलौने, कॉमिक्स का दौर था,

   अब हर बच्चे के हाथ में मोबाइल है।

3. आइए समझते है कैसे ये एडिक्शन आता है,

कैसे एक साधारण व्यक्ति को धीरे धीरे खाता है,

मानता हूं मोबाइल इंटरनेट का उपयोग ज़रूरी है,

इनके बगैर हम सबके काम और जिंदगी अधूरी है,

आइए देखते है कैसे ये हमें मानसिक रोगी बनाता है,

किस तरह से हमारे न्यूरॉन्स में अपना नेटवर्क
बिछाता है,

हम चाहे कितना भी बुद्धिमान बने

मगर इसका तो अपना ही स्टाइल है,

पहले खेल, खिलौने, कॉमिक्स का दौर था,

अब हर बच्चे के हाथ में मोबाइल है।

4. हर वक्त मोबाइल देखना की कोई मैसेज तो नही
आया है,

रहना देर रात तक ऑनलाइन इंटरनेट की माया है,

ना रोक पाना खुद को बिना कुछ पोस्ट किए

फेसबुक इंस्टाग्राम ट्वीटर का काला साया है,

करना बेशुमार खरीदारी ऑनलाइन साइट्स से,

खर्च कर देना पैसा जितना नही कमाया है,

असली सच्चे रिश्ते नाते तो भूल बैठे,

बस ऑनलाइन डेटिंग फ्रेंडशिप में सब गवाया है,

कभी ना खेलना कोई खेल मैदान में,

सिर्फ ऑनलाइन गैमिंग में ही दोस्तों को हराया है,

ना लेना अब कोई किताबों से ज्ञान,

बस गूगल विकिपीडिया में खुद को फसाया है,

ना करो इसे जीवनसाथी मानने की गलती,

ये हमेशा आपका हितैषी नही, ना ही डोसाइल है,

पहले खेल, खिलौने, कॉमिक्स का दौर था,

अब हर बच्चे के हाथ में मोबाइल है।

5. पहले परिवार में सब साथ बैठ कर हँसते थे,

दादा-दादी मम्मी-पापा सब बच्चे खुश लगते थे,

अब ना वो मनोरंजन, ना वो मंजर होता है,

खाते वक्त भी टीवी या हाथ में मोबाइल होता है,

भूल रहे है हम कि कैसे खुद को अभिव्यक्त करे,

कैसे किसी के मन को समझे, कैसे उसे सशक्त करे,

हमारे मन पर इन्टरनेट ने कुछ ऐसा असर
दिखाया है,

ज्ञान का तो पता नहीं, पर उसे संवेदनाहीन जरूर
बनाया है,

दूरियां कम हुई है, हम ऊपर चढ़ गए हैं

मगर नीचे देखो तो फासले और बढ़ गए हैं,

संबंध टूट रहे है और रिश्ते बिखर रहे हैं,

धूप तेज है, मगर फिर भी सिहर रहे हैं,

ना कोई वार्तालाप ना कोई अच्छा टाइम होता है,

घर में एक शांति और सबके हाथ में मोबाइल
होता है,

आदत बिगड़ गई है सबकी इस कदर,

ना होती हाथ में किताब ना कोई फाइल है,

पहले खेल, खिलौने, कॉमिक्स का दौर था,

अब हर बच्चे के हाथ में मोबाइल है॥

सकारात्मक मनोविज्ञानः पॉजिटिव साइकोलॉजी

1. खुशियों का महामंत्र अब आपको देना है,
शांत मन और सरल भाव से इसे आपको लेना है,
इस सागर में खुशियों के सब मोती रहते हैं,
इसे सकारात्मक मनोविज्ञान या पॉजिटिव
साइकोलॉजी हम कहते हैं।

2. जीवन एक वरदान है जिसे हम सबने पाया है,
यह कभी रूकता नही कितना भी संकट आया है,
जीवन एक साइकिल है जो संतुलित होकर चलती
जाती है,
जैसे ही आप रुके वो झट से फिर गिर जाती है,
चलना, बढ़ना ना रुकना यही धर्म है प्रकृति का,
यह धर्म हम सबको अब अपनाना है,
भूत को छोड़ पीछे, भविष्य को अच्छा बनाना है,
भूत तो जा चुका है, पर भविष्य में सपने रहते हैं,
इसे सकारात्मक मनोविज्ञान या पॉजिटिव
साइकोलॉजी हम कहते हैं।

3. जो अच्छा है जीवन में, मन को वहां केंद्रित करो,
   जो अधरो को मुस्कान दे, स्वयं को वहां प्रेरित करो,

   सुख, खुशी, आशा, विकास बस इन पर विश्वास करो,
   जो भी नकारात्मक है, अब उसका उपहास करो,
   प्रकाश की एक किरण से तम गायब हो जाता है,
   आशा की एक किरण से मन जगमग हो जाता है,
   सकारात्मक भावनाओं का मन में संचार करो,
   द्वेष नही हो किसी से, अब सबसे प्यार करो,
   देखो इस मन की नदी में अब सारे सद्गुण बहते हैं,
   इसे सकारात्मक मनोविज्ञान या पॉजिटिव
   साइकोलॉजी हम कहते हैं।

4. जीवन की इस थाली में हर तरह के भाव हैं,
   कुछ अच्छे हैं तो कुछ बुरे भी ख़्वाब हैं,
   आपका जीवन है, आप सोचिए क्या चुनना है,
   आपका मन है, आप सोचिए क्या बुनना है,
   डोर है आपके हाथों में, आपको राह दिखानी है,
   अगर मन में है उत्साह तो हर पल में जवानी है,
   बीज जैसा बोते हैं, हम फल वैसा ही खाते हैं,
   इसे सकारात्मक मनोविज्ञान या पॉजिटिव
   साइकोलॉजी हम कहते हैं।

5. तनाव ऐसी दीमक है जो हर मन को खा रहा है,

खोखला है वो अंदर से जो बाहर मजबूत नजर आ
रहा है,

तनाव प्रबंधन आज समय की पुकार है,

नही सीखा तो फिर ये मन लाचार है,

अच्छी सोच हो और नियमित व्यायाम करें,

नियंत्रण में रहकर अपने सब काम करें,

अच्छी रुचियों को दिनचर्या में शामिल करना है,

खाली मन को अच्छी आदतों से भरना है,

ध्यान लगाना है और योग भी करना है,

अपने मन को अटूट विश्वास से भरना है,

जब परिवार में सब लोग सौहार्द और स्नेह से
रहते हैं,

इसे सकारात्मक मनोविज्ञान या पॉजिटिव
साइकोलॉजी हम कहते हैं।

6. घर के साथ साथ बाहर भी ध्यान देना है,

समाज में खुद को एक अच्छा स्थान देना है,

सामाजिक भाईचारे से होता मानसिक विकास है,

सहयोग सामंजस्य और बढ़ता विश्वास है,

खामी हटाकर सिर्फ खूबी देखना है,

मदमस्त मन की मनमौजी देखना है,

व्यावसायिक रूप से स्वयं को कुशल करें,

कोई भी काम हो खुद को सफल करें,

जब समाज में लोग आध्यात्म से जुड़े रहते हैं,

इसे सकारात्मक मनोविज्ञान या पॉजिटिव
साइकोलॉजी हम कहते हैं।

7. अच्छी सोच, अच्छी भावनाएं, अच्छा व्यवहार ये
   तीन रामबाण हैं,

   होते हैं ये जिसके पास सदैव होता कल्याण है,

   मन को परेशानी से हटाकर सुअवसर में लगाना है,

   आसूंओं को सुखा कर, बस अब सिर्फ मुस्कराना है,

   मन की शक्ति बढ़ानी है और शिक्षित करना है,

   अपने मानस को नए रूप से विकसित करना है,

   सशक्त सकारात्मक मन के आगे पर्वत झुक जाते हैं,

   दुख चिंता बीमारी सब कुछ रुक जाते हैं,

   बस आपको अब करना यही काम है,

   सकारात्मक सोच और भाव हो चाहे सुबह या शाम है,

   जब मन और तन एक अलौकिक सामंजस्य में
   रहते हैं,

   इसे सकारात्मक मनोविज्ञान या पॉजिटिव
   साइकोलॉजी हम कहते हैं॥

ज़िंदगी: एक मुस्कराहट

1. अपनी सवारनी है ये ज़िंदगी,

   गम से उतारनी है ये ज़िंदगी,

   चाहे राहें कैसी भी हो सफर में,

   बस मुस्कराकर गुजारनी है ये ज़िंदगी।

2. कभी खुश तो कभी उदास होगी ज़िंदगी,

   कभी दूर तो कभी पास होगी ज़िंदगी,

   कहीं भी हो मगर सिर्फ बढ़ते रहना है,

   क्योंकि सिर्फ तेरी तलाश होगी ज़िंदगी,

   तू ही मोहब्बत तू ही इश्क तू ही है बंदगी

   चाहे राहें कैसी भी हो सफर में,

   बस मुस्कराकर गुजारनी है ये ज़िंदगी।

3. कभी अपनी तो कभी पराई होगी ज़िंदगी,

   कभी उथला तो कभी गहराई होगी ज़िंदगी,

   मगर कभी ये हाथ नही छोड़ती है,

   कभी तो किसी ने आजमाई होगी ज़िंदगी,

   जैसी भी है अपनालो उसे, ना हो कोई शर्मिंदगी,

चाहे राहें कैसी भी हो सफर में,

बस मुस्कराकर गुजारनी है ये ज़िंदगी।

4. कभी राई तो कभी पहाड़ है ज़िंदगी,

कभी जश्न तो कभी मज़ार है ज़िंदगी,

तोहफा है ये एक जीने के लिए,

देख तुझ पर निसार है ये ज़िंदगी,

पाक है ये ना समझ तू इसे कोई गंदगी,

चाहे राहें कैसी भी हो सफर में,

बस मुस्कराकर गुजारनी है ये ज़िंदगी।

5. कभी सबक तो कभी इम्तिहान है ये ज़िंदगी,

कभी सब्र तो कभी इत्मीनान है ये ज़िंदगी,

बस तू इसे अच्छी नियत से देख,

फिर तुझ पर हमेशा मेहरबान है ये ज़िंदगी,

सिर्फ रखो इंसानियत दिल में और मिटा तो सारी दरिंदगी,

चाहे राहें कैसी भी हो सफर में,

बस मुस्कराकर गुजारनी है ये ज़िंदगी।

6. बस इतना याद रखना कि मिलेगी एक बार ही ये ज़िंदगी,

नफरत की कोई जगह ना हो बस प्यार ही हो ये ज़िंदगी,

सजा देना इसको अपनी चाहत की महक से,

ये सिर्फ एक घर नही पूरा संसार है ये ज़िंदगी,

जेहन हो हमेशा नेक ना हो कोई उसमे रिंदगी,

चाहे राहें कैसी भी हो सफर में,

बस मुस्कराकर गुजारनी है ये ज़िंदगी॥

पूरी हुई किताब

ज़िंदगी ने किया हिसाब इस तरह,

वक़्त ने दिया जवाब इस तरह,

मैंने तो बस समझा और महसूस किया,

और हो गया पूरा ये ख़्वाब इस तरह,

ना जाने कितने उदास लब मुस्कुरा उठे,

मनोचिकित्सा ने किया इलाज इस तरह,

छू लिया इसने दिलों के सोये साज़ को,

जज़्बात को मिल गई आवाज़ इस तरह,

ख़ामोशियों ने भी सारा हाल कह दिया,

चेहरे से पढ़ लिया हर राज़ इस तरह,

दर्द औरों का जो महसूस हुआ "तोमर"

हो गया किस्मत पे नाज़ इस तरह,

कितने दर्द, गम, मायूसी, तन्हाई, बेचैनियों को पन्नों मे उतारकर,

आज हो गई पूरी किताब इस तरह॥